Hiltrud und Michaela Seibel

SALZTEIG
für Kinder

ENGLISCH VERLAG

Die Deutsche Bibliothek – CIP-Einheitsaufnahme
Salzteig für Kinder / Hiltrud und Michaela Seibel. – Wiesbaden: Englisch, 1999
ISBN 3-8241-0897-6

© by Englisch Verlag GmbH, Wiesbaden 1999
ISBN 3-8241-0897-6

Fotos: Frank Schuppelius
Herstellung: Michael Feuerer
Printed in Spain

Inhaltsverzeichnis

Vorwort

Salzteig ist ein einfacher und vor allem natürlicher Werkstoff, mit dem Sie spielerisch die Phantasie, Konzentration und Feinmotorik Ihres Kindes fördern können. Zudem macht das Modellieren mit Salzteig Kindern großen Spaß.

Lassen Sie Ihr Kind teilhaben, vom Abmessen der Zutaten bis hin zum Kneten des Teiges, so bekommt es jetzt schon den ersten Kontakt zu unserem Bastelmaterial Salzteig. Bevor Sie sich und Ihr Kind an die ersten Motive heranwagen, geben Sie ihm die Möglichkeit, spielerisch den Teig zu drücken, zu rollen und Kugeln zwischen den Handflächen zu drehen, das heißt, sich mit dem Material vertraut machen. Sie werden merken, dass die Phantasie Ihres Kindes jetzt schon angeregt wird. Aber denken Sie daran, egal was Ihr Kind modelliert, es sieht die Dinge mit anderen Augen als ein Erwachsener. Und wenn einmal etwas nicht so klappt, dann trösten Sie Ihr Kind und geben Sie ihm Hilfestellung. Größere Kinder arbeiten schon sehr selbständig, sodass sie schnell eigene Ideen für Dekorationen oder Weihnachts- und Geburtstagsgeschenke haben.

Wir wünschen Ihnen und Ihren Kindern viel Freude am Formen und Malen mit Salzteig.

Ihre Michaela und Hiltrud Seibel

Material und Werkzeug

Für das Modellieren und anschließende Bemalen von Salzteig benötigen Sie folgendes Material und Werkzeug:

* Wasser
* Mehl
* Salz
* Kochlöffel
* Nudelholz
* Knoblauchpresse
* Messerchen
* Schere
* Trinkhalm
* Zahnstocher
* verschiedene Holzstäbe
* Büroklammern
* Draht
* Ausstechförmchen
* Wasserfarbpinsel
* Wasserfarbkasten
* Klebstoff oder Holzleim
* Plaka-Klarlack
* Fotokarton

Die genauen Materialien und Werkzeuge, die benötigt werden, sind bei dem jeweiligen Motiv aufgeführt.

Grundanleitung

Rezept

❧ 3 Tassen Mehl
❧ 2 Tassen Salz
❧ 1 ¼ Tassen Wasser (lauwarm)

Tipp: Nehmen Sie keine hochwertigen Produkte, das preisgünstigste Mehl und Salz ist genau richtig! Wichtig ist, dass immer mehr Mehl als Salz verwendet wird.
Mischen Sie zunächst Mehl und Salz, und geben Sie anschließend das Wasser unter Rühren hinzu. Dann kneten Sie den Teig gut durch und lassen ihn zugedeckt etwa 15 Minuten ruhen. Der fertige Teig sollte nach dem Ruhen trocken-elastisch sein, so lässt er sich am besten modellieren.
Wenn der Teig zu weich ist, geben Sie noch etwas Mehl (kein Salz) hinzu. Sollte Ihr Teig zu trocken sein, gießen Sie kein Wasser nach, sondern feuchten nur die Hände an und kneten ihn nochmals gut durch. Solange Sie modellieren, sollten Sie Ihren Restteig abdecken, damit er an der Oberfläche nicht antrocknet. Wenn Sie Teig übrig haben, wickeln Sie ihn nicht in Alufolie ein. Geben Sie den Teig in eine Plastikschüssel mit Deckel und bewahren Sie ihn im Kühlschrank auf, aber nicht länger als 2 Tage, sonst lässt er sich nicht mehr verarbeiten.

Modellieren

Bevor Sie beginnen, den Teig zu kneten, sollten Sie Ihre Hände mit einer Handcreme einreiben, sodass das Salz Ihre Haut nicht angreifen kann. Sie sollten, gleich was Sie modellieren, immer alles aus einer Teigkugel formen.

Damit Ihre Kinder sich besser vorstellen können, wieviel Teig für die jeweilige Arbeit gebraucht wird, sind die Mengenangaben in Form von „Früchten" erklärt:
Nehmen Sie ein Stück Teig, das so groß wie eine Kirsche ist:
Nehmen Sie ein walnussgroßes Stück Teig:

Verwenden Sie ein pflaumengroßes Stück Teig:

Nehmen Sie ein Stück Teig, das so groß wie eine Mandarine ist:

Hier wird ein Stück Teig, das so groß wie ein Apfel ist, genommen:

Formen Sie diese Teigstücke zu einer Kugel, indem Sie sie zwischen den Handflächen rollen. Bevor Sie die Teile aneinander setzen, müssen diese mit einem nassen Pinsel angefeuchtet werden. Sollte Ihnen nach dem Backen dennoch ein Teil abfallen, so haben Sie es beim Modellieren nicht genug angefeuchtet. Setzen Sie das abgebrochene Teil mit frischem Teig einfach wieder an und lassen Sie es gut trocknen. Arbeiten Sie am besten gleich auf dem Blech, denn das Umplatzieren vom Backbrett auf das Backblech erweist sich gerade bei größeren, flachen Teilen als etwas schwierig.

Rollen Sie den Teig immer auf etwas Mehl aus. Bevor Sie Teig an- oder aufmodellieren, feuchten Sie die Stelle immer erst mit Wasser an. Achten Sie darauf, dass keine unnötigen Wassertropfen auf Ihre Arbeit kommen, da diese Stellen beim Backen dunkler werden.

Der Arbeitsgang und die Technik des Modellierens sind bei den jeweiligen Motiven beschrieben. Jedes Motiv ist mit einem, zwei oder drei Sternchen markiert. Je weniger Sternchen ein Motiv hat, desto leichter ist das Modellieren. So können auch schon ganz kleine Kinder mitmachen.

Achten Sie darauf, dass Sie Ihre Hilfsmittel immer schön sauber halten. Das gilt auch für Ihre Hände, die sonst mit der Zeit eine immer dickere Teigschicht ansetzen. Hilfsmittel zum Modellieren, wie Trinkhalme, Zahnstocher, Tüllen, Ausstechformen usw., sind in jeder Küche zu finden. Selbst die Hülle eines Faserschreibers kann für ein Muster verwendet werden.

Aufhängung

Für das Aufhängen der Salzteigarbeiten gibt es unterschiedliche Möglichkeiten. Am häufigsten verwenden wir die aufgebogene Büroklammer (Zeichnung 1). Für kleine, zierliche Gegenstände, z. B. Vögel oder das Fischmobile, genügt schon ein zur Öse gebogener dünner

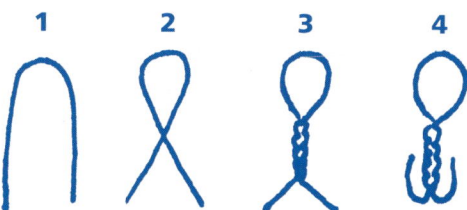

Draht (Zeichnung 2), der nach unten ein paarmal verdreht wird (Zeichnung 3) und deren Drahtenden nach oben gebogen werden (Zeichnung 4). So entsteht ein kleiner Widerhaken und die Öse kann nach dem Backen nicht mehr herausgezogen werden.

Backen

Das Backen der kleinen Salzteigarbeiten erfolgt im Backofen, nicht in der Mikrowelle. Lassen Sie Ihr Kind dies bitte nicht alleine tun, da die Temperatur zum Schluss teilweise bis auf 175 °C hochgestellt werden muss.

Die Backzeit und Gradeinstellung ist bei den jeweiligen Motiven angegeben. Wenn der Salzteig sich leicht vom Backblech löst und nicht mehr nachgibt, falls man darauf drückt, ist er fertig gebacken.

Bemalen

Zum Bemalen des gebackenen Salzteiges eignen sich für Kinder einfache Wassermalfarben. Größere Kinder und Erwachsene können Plaka-Farben verwenden, diese müssen aber zum Malen verdünnt werden. Sollte der Salzteig beim Backen zu braun werden, so grundieren Sie den gebackenen Teig zuerst mit verdünnter weißer Plaka-Farbe und lassen ihn zum eigentlichen Bemalen gut trocknen. Die Farben haben durch diesen Vorgang anschließend auch eine intensivere Leuchtkraft.

Lackieren

Nachdem die bemalten Stücke gut getrocknet sind, werden sie mit Plaka-Klarlack zügig überpinselt. Bei diesem Vorgang sollten Sie Ihrem Kind unbedingt helfen, da dieser Lack nicht wasserlöslich ist und auch einige Stunden benötigt, bis er durchgetrocknet ist. Bereiten Sie sich hierfür am besten einen flachen Karton, den Sie mit Alufolie auslegen, vor, damit Sie die lackierten Stücke hineinlegen können und zum Durchtrocknen außer Reichweite stellen können.

9

Lustige Ideen aus Salzteig

Hand und Fuß*

Bei dieser Idee können schon die Kleinsten mitmachen. Ein Hand- oder Fußabdruck ist ein schönes Geschenk für Eltern und Verwandte.

Material
✤ Salzteig
✤ Strohhalm oder Klebstoff
✤ evtl. Schleifenband in Rosa, 2,5 und 4 cm breit
✤ Wassermalfarben in Braun und Rot

Anleitung

Um diese Abdrücke herstellen zu können, benötigen Sie jeweils ein apfelgroßes Stück Teig. Wellen Sie es auf dem Backblech mit dem Nudelholz zu einem Oval (ca. 1½ cm dick) aus und lassen Sie Ihr Kind die Hand oder den Fuß eindrücken.

Achten Sie darauf, dass Ihr Kind nicht zu fest drückt, damit der Abdruck nicht zu dünn wird, ein halber Zentimeter Teigdicke sollte mindestens bleiben. Zum Aufhängen können Sie mit einem Strohhalm ein Loch an der Oberseite herausstanzen oder, wenn nicht mehr genügend Platz ist, an der Rückseite der fertig gebackenen Platte eine Aufhängung befestigen. Kleben Sie hierfür ein Stück Pappe auf einen zur Schlaufe gelegten Wollfaden.

Damit der Teig während des Backens nicht hochgehen kann, fangen Sie auf der untersten Schiene mit 50 °C an und steigern

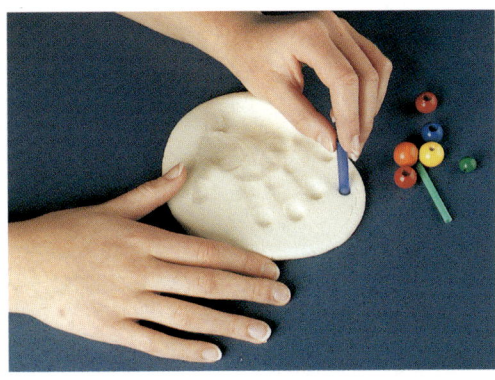

die Temperatur wie folgt: in der 1. Stunde 50 °C, in der 2. Stunde 75 °C, in der 3. und 4. Stunde 100 °C. Jetzt müssen Sie das Backblech von der untersten auf die oberste Schiene stellen und bei 125 °C fertig backen.

Lassen Sie die Teigstücke gut auskühlen und malen Sie anschließend nur den Abdruck vorsichtig aus. Sollte dabei etwas Farbe verkleckert werden, so kratzen Sie sie mit dem Messerrücken vorsichtig vom Teig.

Hungrige Raupen*

Diese lustigen Raupen sind ein schöner Schmuck fürs Kinderzimmer.

Material
✤ Salzteig
✤ 2 Stecknadeln
✤ 1 frisches Blatt
✤ Wassermalfarben in Orange, Gelb, Blau und Grün

Anleitung
Raupe
Für die Raupe benötigen Sie verschieden große Teigkugeln. Fangen Sie mit einer walnussgroßen Kugel an und lassen Sie die auf-

einander folgenden immer etwas kleiner werden. Vergessen Sie das Anfeuchten nicht, bevor Sie die Kugeln zusammensetzen.

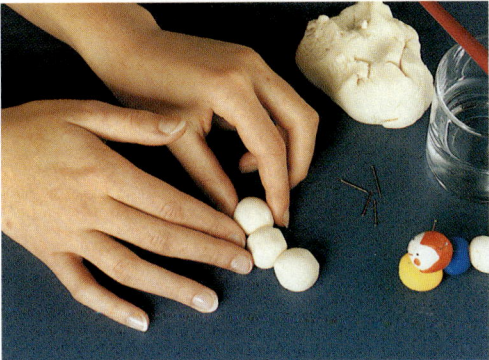

Das kirschgroße Köpfchen der Raupe wird zum Schluss aufgesetzt und zuletzt werden zwei Stecknadeln als Fühler eingedrückt.

Blatt

Diese Arbeit können Sie und Ihr Kind mit einem kleinen Spaziergang durch den Garten oder Park verbinden, indem Sie einige nicht zu große frische Blätter sammeln, an denen sich die Blattadern ganz deutlich hervorheben, wie z. B. das Hortensienblatt. Lassen Sie Ihr Kind ein mandarinengroßes Stück Teig ca. 1 cm dick auswellen. Das Blatt wird nun mit den Blattadern nach unten auf den Teig gelegt und mit Hilfe

des Nudelholzes leicht eingedrückt. Nun zeichnet sich das Blatt auf dem Teig deutlich ab. Mit einem Messerchen werden die

Konturen ausgeschnitten und auf das Back-blech gelegt.

Die Raupe und das Blatt werden nun auf der untersten Schiene eine Stunde lang bei 75 °C und die 2. Stunde bei 100 °C ge-backen. Danach wird das Backblech auf die oberste Schiene geschoben und bei 150 °C fertig gebacken.

Zuletzt werden die Kugeln bunt angemalt und das Gesicht der Raupe mit einem fei-nen Pinsel aufgezeichnet.

Bunte Fische*

Diese kunterbunten Fische sind ganz leicht nachzuarbeiten und man kann anschlie-ßend herrlich mit ihnen spielen.

Material
✤ Salzteig
✤ Pinsel
✤ Büroklammern
✤ Wassermalfarben in Orange, Weiß, Schwarz, Blau und Grün

Anleitung
Für die Fische benötigen Sie zuerst eine pflaumengroße Teigkugel, die Sie auf das Backblech legen und mit der flachen Hand etwas andrücken. Für den Fischmund neh-men Sie ein kirschgroßes Stück Teig und bringen es in eine längliche Form. Wenn Sie es nun in der Mitte mit Hilfe eines Pin-selstiels an die Teigkugel drücken, entsteht das Fischmaul. Ebenso verfahren Sie mit der Flosse, die man mit Hilfe der Finger noch etwas in Form bringt.

Der Aufhänger lässt sich nun ganz leicht an-bringen, indem Sie eine aufgebogene Büro-klammer von oben in den Teig schieben.

Anschließend werden die Fische auf der untersten Schiene zwei Stunden bei 75 °C

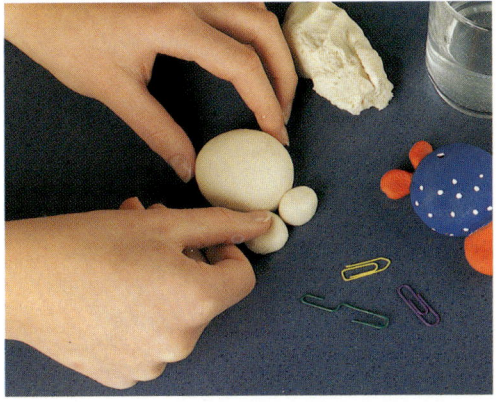

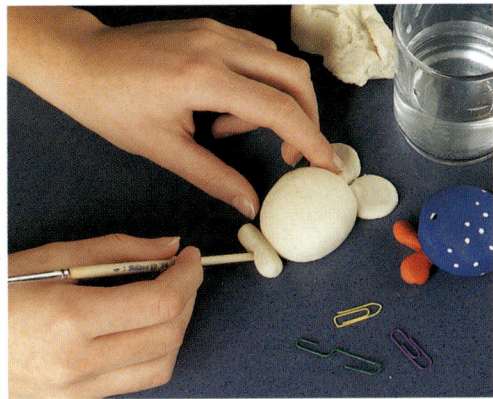

und eine Stunde bei 100 °C gebacken. Bei 150 °C werden sie dann auf der oberen Schiene fertig gebacken.

Nach dem Abkühlen werden die Fische kunterbunt, ganz nach Lust und Laune, angemalt.

Wandbilder aus Ausstechförmchen*

Mit Ausstechförmchen lassen sich im Handumdrehen Wandbilder gestalten, die man an die Wand oder an die Kinderzimmertür hängen kann. Diese Wandbilder sind aber auch immer ein schönes Geschenk.

Material
❖ Salzteig
❖ Strohhalm
❖ verschiedene Ausstechförmchen
❖ Wassermalfarben in Orange, Ocker, Schwarz, Weiß, Gelb, Blau und Grün

Anleitung

Arbeiten Sie ein apfelgroßes Stück Teig zu einer Rolle von ca. 12 cm, und wellen Sie mit dem Nudelholz darüber, damit ein Teigband entsteht. An der oberen Kante werden 2 Löcher ausgestanzt, damit Sie nach dem Backen und Lackieren ein Band oder Wollfaden zum Aufhängen durchziehen können. Nun wellen Sie etwas Teig aus und stechen mit den Förmchen Bäume, Fische, Teddybären oder andere Motive aus. Diese können gleich auf das Teigband gelegt oder nach dem Bemalen mit Klebstoff aufgeleimt werden. Das Aufkleben ist für kleinere Kinder einfacher, da sie beim Malen nicht so aufpassen müssen, dass der Hintergrund Flecken erhält. Backen Sie die

Wandbilder eine Stunde auf der unteren Schiene bei 150 °C, anschließend eine Stunde bei 75 °C, dann eine Stunde bei 100 °C und zuletzt wird der Teig bei 125 °C auf der oberen Schiene fertig gebacken.

Drachenparade**

Nicht nur im Herbst, sondern das ganze Jahr schmücken diese fröhlichen Drachen das Kinderzimmer, ob am Fenster, an der Wand oder von der Decke herabhängend. Zudem sind die Drachen kinderleicht nachzuformen.

Material
❖ Salzteig
❖ Büroklammern
❖ Wollfaden
❖ Transparentpapier in verschiedenen Farben
❖ Wassermalfarben in Orange, Gelb, Rot, Schwarz, Weiß, Blau und Grün

Anleitung

Für den großen Drachen nehmen Sie ein apfelgroßes Stück Teig, wellen es aus und schneiden freihändig eine Raute heraus. Diese wird mit Nase und Mund verziert. Die Augen werden später aufgemalt. Die Schleifchen links und rechts stellen Sie aus einem Teigband her, das Sie in der Mitte mit Zeigefinger und Daumen etwas zusammendrücken und an den Drachen setzen. Knipsen Sie von einer Büroklammer den kleineren Bogen ab und schieben Sie ihn in den unteren Teil des Drachens, um später den Faden mit Schleifchen befestigen zu können. Den größeren Bogen schieben Sie in den oberen Teil des Drachen, um einen Wollfaden als Aufhängung durchziehen zu können.

Backen Sie die Drachen jeweils eine Stunde bei 50 °C, 75 °C und 100 °C auf der untersten Schiene. Zuletzt werden sie bei 125 °C auf der obersten Schiene fertig gebacken.

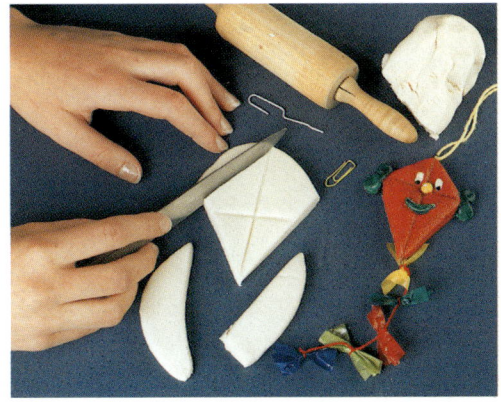

Lassen Sie die Teigstücke gut auskühlen, grundieren Sie sie mit weißer Farbe und bemalen Sie sie bunt. Sollten die Drachen frei aufgehängt werden, dann vergessen Sie nicht, auch die Rückseite zu bemalen und anschließend zu lackieren. Zum Schluss werden die Wollfäden befestigt und viele bunte Papierschleifen festgebunden oder angeklebt.

Entenfamilie**

Diese Entchen sind zum Aufstellen gedacht. Sie schmücken Regalwände ebenso wie Schreibtische oder Fensterbänke.

Material

✤ Salzteig
✤ Wassermalfarben in Schwarz, Weiß, Orange und Gelb

Anleitung

Für die Enten benötigen Sie etwas festeren Teig, d. h. Sie nehmen beim Anmachen des Teiges etwas weniger Wasser als bisher.
Sie benötigen für eine Ente drei verschieden große Teigkugeln. Die größte Ente besteht zunächst aus einem mandarinen-

großen Stück Teig, das Sie aus einer Kugel heraus zu einem Oval rollen und deren eines Ende mit Zeigefinger und Daumen zu einer Spitze geformt wird. Setzen Sie den

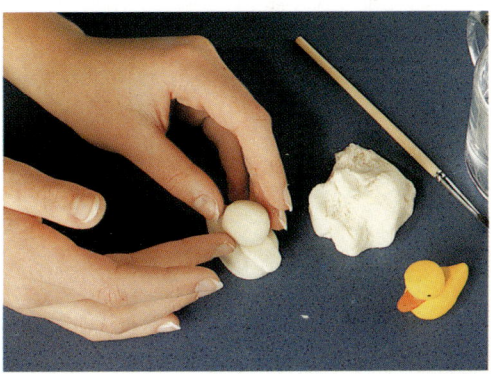

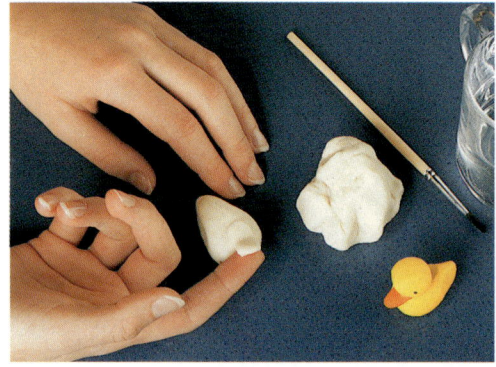

walnussgroße Teigkugel bildet das Köpfchen. Die große und die ganz kleine Ente
müssen entsprechend mit mehr bzw. weniger Teig gearbeitet werden.

Anschließend wird der Teig auf der untersten Schiene zwei Stunden bei 50 °C, dann
zwei Stunden bei 75 °C und zuletzt bei
125 °C auf der obersten Schiene fertig gebacken.

Damit Sie ein schönes leuchtendes Gelb er-
halten, bemalen Sie die Entchen zuerst mit
weißer Farbe, lassen Sie diese gut trocknen
und malen Sie anschließend mit Gelb darüber. Der kleine Schnabel wird in Orange
angemalt, zwei schwarze Punkte sind die
Augen.

Körper auf das Backblech. Nun nehmen
Sie ein kirschgroßes Stück Teig und formen
daraus den Schnabel, der zwischen Kopf
und Körper angebracht wird. Die dritte

Vögel **

Alles, was Sie für diese fliegenden Vögelchen brauchen, ist ein schön gewundener Ast, z. B. von einem Korkenzieher-Haselstrauch, eine Perlonschnur, Zahnstocher, Teig und Spaß am Modellieren.
Eine Dekorationsidee für das Fenster, die Wand oder auch, frei im Raum, von der Decke herabhängend.

Material
✤ Salzteig
✤ Zahnstocher
✤ Perlonschnur
✤ Blumendraht
✤ Wassermalfarben
  in Orange, Violett,
  Blau und Grün

Anleitung
Aus einer walnussgroßen Teigkugel wird ein Oval geformt und mit Daumen-, Zeige- und Mittelfinger das Köpfchen herausmodelliert. Dabei wird mit den Fingern der anderen Hand das hintere Ende des Vogels angefasst, vorsichtig zusammengedrückt und auf das Backblech gesetzt. Aus zwei kleinen Teigkugeln formen Sie die Flügel, indem Sie die Kugeln mit den Fingern flachdrücken und an einer Seite zur Spitze modellieren. Feuchten Sie jeweils

die breite Seite des Körpers gut an und setzen Sie den Flügel daran.
Nun wird ein Zahnstocher, der als Schnabelersatz dient, vorne in den Kopf gesteckt. Schneiden Sie die Spitzen der Zahnstocher vorher mit einer Schere oder Zange etwa zwei Millimeter ab, damit Ihr Kind sich nicht stechen kann.
Für den Schnabel selbst brechen Sie etwa 1 ½ cm ab und stecken ihn in das Köpfchen. Als Aufhängung biegen Sie aus einem Draht einen Bogen und stecken

19

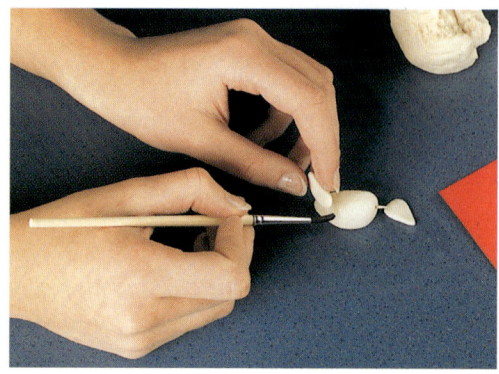

ihn vorsichtig von oben zwischen Kopf und Körper hinein. Der Teig wird, wie bei dem Motiv „Entenfamilie" (s. S. 17) be-

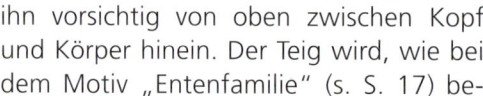

schrieben, im Backofen gebacken. Anschließend werden die Vögel bunt bemalt und lackiert.

Kunterbunte Blumentöpfe**

Diese Blumentöpfe sind richtige „Hingucker", so etwas gefällt natürlich auch den Erwachsenen. Für die Herstellung der Blumentöpfe benötigen Sie Holzstäbe, die, auf die richtige Länge gebracht, die Blütenstängel ersetzen. Statt Blumenblätter kann auch eine Bastschleife umgebunden werden.

Material
✤ Salzteig
✤ Bast

✤ Rundholzstäbe, 3–4 mm stark, etwa 22 cm lang
✤ Wassermalfarben in Orange, Gelb, Blau und Grün

Anleitung
Beginnen Sie zuerst mit dem Topf, indem Sie ein mandarinengroßes Stück Teig zu einer Kugel gerollt auf das Backblech legen und mit der flachen Hand etwas breitdrücken. Der Holzstab, der von oben vor-

sichtig in den Topf geschoben wird, bildet das Verbindungsstück zwischen Topf und Blume.

Für die blaue Blume werden 5 kirschgroße Teigkugeln in einen Kreis gelegt und mit dem Daumen flachgedrückt.

Eine sechste Kugel wird als Mittelstück darauf geklebt.

Für die Blätter werden 2 Teigkugeln flachgedrückt und eine Seite zu einer Spitze geformt. Der Holzstab wird an der Stelle, an der die Blätter aufgelegt und aufgedrückt werden, vorher gut angefeuchtet. Anstelle der Blätter können Sie auch eine Bastschleife verwenden.

Für die gelbe Blume nehmen Sie ein pflaumengroßes Stück Teig, rollen daraus eine Kugel und drücken diese etwas flach. Sie wird auf den angefeuchteten Holzstab gelegt und etwas angedrückt. Mit dem Finger arbeiten Sie den Rand des Teiges in Wellenform und legen eine kleine Kugel als Mittelstück auf.

Für die Tulpe fertigen Sie eine pflaumengroße Teigkugel, drücken sie flach und schneiden an der Oberseite zwei Zacken heraus. Nun können Sie die Blüte mit den Fingern in Form bringen. Auch hier wird vor dem Auflegen des Salzteiges der Holzstab gut angefeuchtet.

Das Aufhängen erfolgt wieder mittels einer Büroklammer, die in den noch frischen Teig von oben eingeschoben wird.

Backen Sie den Teig auf der unteren Schiene ca. 1 1/2 Stunden bei 75 °C, anschließend 1 1/2 Stunden bei 100 °C und backen Sie ihn schließlich bei 150 °C auf der oberen Schiene fertig.

Halten Sie den Holzstab zum Malen zwischen Ihren Fingern und fangen Sie mit der hellsten Farbe an.

Bevor der Holzstab angemalt wird, lassen Sie Blume und Topf erst trocknen, damit Sie nichts verwischen.

21

Igel **

Diese stacheligen Gesellen werden Ihren Kindern schon bei der Herstellung Freude bereiten. Außerdem können sie leicht aus Teigresten modelliert werden und auf dem Backblech ist immer noch eine kleine Lücke frei, die so sinnvoll genutzt werden kann.

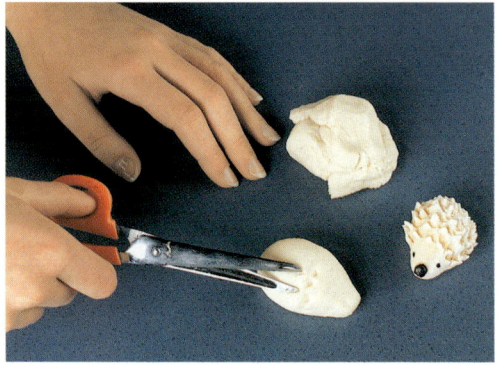

Material
✤ Salzteig
✤ Schere
✤ Wassermalfarbe in Braun

Anleitung

Für unterschiedlich große Igel benötigt man unterschiedlich große und kleine Teigkugeln, von walnuss- über mandarinen- bis hin zu apfelgroß. Rollen Sie die Teigkugel zwischen den Handflächen, sodass sie auf einer Seite spitz zuläuft.

Setzen Sie die Teigkugel auf das Blech und arbeiten Sie mit den Fingern noch etwas nach. Setzen Sie anschließend eine kleinere Teigkugel als Näschen an die gut ange-feuchtete Spitze. Nun wird mit einer Schere in den Teig geschnitten, sodass der Igel Stacheln erhält. Fangen Sie dafür an der bauchigen Stelle an versetzt zu schneiden. Backen Sie die Igel wie die Entenfamilie (siehe Seite 17). Achten Sie darauf, dass die kleineren Igel schneller gebacken sind als die großen; nehmen Sie sie deshalb vorher aus dem Ofen. Zuletzt wird das Näschen der Igel braun bemalt und zwei braune Punkte als Augen gesetzt.

Fischmobile***

Ein wunderschöner Blickfang ist dieses Mobile mit kleinen Fischen. Das Aufhängen der einzelnen Fische erfordert etwas Geduld, aber es lohnt sich.

Material
❖ Salzteig
❖ Strohhalm
❖ Büroklammern oder Blumendraht
❖ Nylon- oder Wollfaden
❖ Rundholz, 8–10 mm stark
❖ Bast
❖ Wassermalfarben in Orange, Gelb, Violett, Schwarz, Blau und Grün

Motiv „Drachenparade" (siehe Seite 16). Zum Aufhängen der Fische nehmen Sie ein etwa 8 bis 10 mm starkes Rundholz und

Anleitung
Nehmen Sie verschieden große Teigstücke, von walnuss- bis apfelgroß, und formen Sie ein Ei, das Sie zu einem 1 cm dicken Oval auswellen. Für den Mund schneiden Sie ein kleines Dreieck aus dem Teig heraus, für die Flosse ein etwas größeres. Nun drücken Sie die Spitzen der Flosse nach außen. Mit einem Strohhalm lassen sich Verzierungen in den Teig drücken.
Anschließend wird ein Stück Draht zu einer Öse gebogen und von oben in den Fisch gesteckt. Backen Sie die Fische wie bei dem

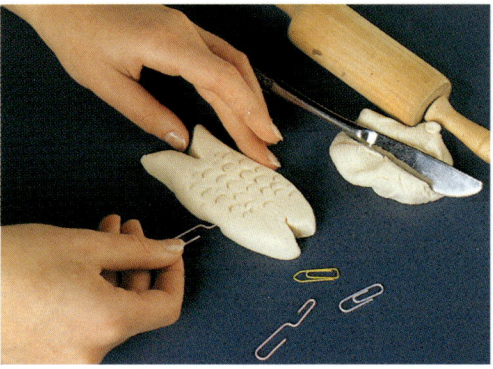

binden die Fische mit Hilfe eines Nylon- oder Wollfadens in verschiedenen Längen daran.

Dazu sollten Sie sich Rundholz und Fische auf eine Tischplatte legen und so die Fische befestigen.

Dekorative Herzen***

Diese Herzen sind ganz leicht auch ohne Ausstechform zu modellieren. Für den Teddybären sollten Sie aber ein Förmchen verwenden.

Material
✤ Salzteig
✤ Ausstechförmchen
✤ Büroklammern
✤ Zahnstocher
✤ Schleifenband in Grün, 1 cm breit

✤ Schleifenband in Blau, 1,5 cm breit
✤ Wassermalfarben in Ocker, Rot, Schwarz, Braun, Blau und Grün

Anleitung
Aus einem mandarinengroßen Stück Teig wird ein Dreieck geformt und flachgerollt. Schneiden Sie mit einem Messerchen an der breiten Seite eine Kerbe aus und bringen Sie den Teig mit den Fingern in die endgültige Form. Nun haben Sie ein Herz,

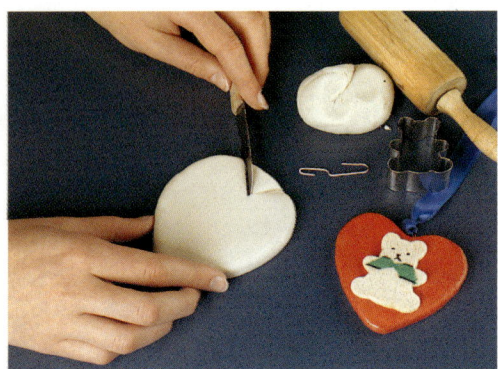

kommen die Herzen den richtigen „Pepp". Für die Lutscher werden zwei Zahnstocher in flachgedrückte Kugeln gesteckt, beim Modellieren der Eiswaffel können Sie sich an dem Motiv „Eistüten" (S. 26) orientieren. Die Dekorationen werden aber erst nach dem Backen und Bemalen aufgeleimt, so gestaltet sich das Bemalen für Ihre Kinder viel einfacher. Denken Sie daran, eine aufgebogene Büroklammer von oben in die Herzen zu stecken.

Die Backtemperaturen und -zeiten sind die gleichen wie bei dem Motiv „Sonnenblumen" (siehe Seite 27). Zuletzt werden die Herzen bunt angemalt und lackiert.

auf dem sie viele kleine Dekorationen anbringen können. Mithilfe von Ausstechförmchen oder modellierten Motiven be-

Eistüten***

Diese Eistüten sind ein „cooler" Wandschmuck – nicht nur für das Kinderzimmer. Ich könnte ihn mir auch an einem freien Plätzchen in der Küche vorstellen.

Material
✤ Salzteig
✤ Büroklammern
✤ Wassermalfarben in Ocker, Rosa, Braun, Blau und Grün

Anleitung
Für die Waffeltüte wird eine mandarinen- oder apfelgroße Teigkugel zwischen den Handflächen zu einem Kegel gerollt, auf das Backblech gelegt und mit dem Nudelholz ausgewellt. Damit eine Tütenform entsteht, helfen Sie mit dem Messerchen und

den Fingern noch etwas nach. Mit dem Messerrücken drücken Sie Rillen diagonal so in den Teig, dass sie sich überkreuzen, so entsteht das Waffelmuster. Eine kleine Teigschnur setzen Sie an den oberen Rand der Tüte. Die Eisbällchen werden aus flachgedrückten Teigkugeln (diese sind je nach Größe der Tüte kirschen- oder pflaumengroß) direkt an die Waffel gelegt. Die Eisbällchen können Sie mit der Messerschneide etwas aufrauen, sodass sie echt aussehen. Dann wird eine aufgebogene Büroklammer als Aufhänger in den Teig geschoben. Lassen Sie das „Eis" schmelzen und platzieren Sie die aus kleinen Teigkugeln gedrehten Tropfen auf die Waffeltüte. Backen Sie nun den Teig wie in der Anleitung „Hand und Fuß" (siehe Seite 10) beschrieben. Bemalen Sie anschließend die Eistüte in Ocker und Gelb, mischen Sie die Farben mit viel Wasser. Bei der Farbe der Eisbällchen bestimmen Sie, ob es Schokoladen- oder Himbeereis werden soll.

Sonnenblumen***

Bei diesen hübschen Sonnenblumen haben Sie gleich zwei Dekorationsmöglichkeiten zur Auswahl, einmal als Blumenstecker und einmal als Bilderrahmen.

Material
❖ Salzteig
❖ Büroklammer
❖ Rundholzstab, 3–4 mm stark,
 ca. 25 cm lang
❖ Schleifenband in Orange, 2,5 cm breit
❖ Wassermalfarben in Orange, Braun,
 Weiß und Gelb

Anleitung

Für den Stecker brauchen Sie zunächst 8 walnussgroße Teigkugeln, die flachgedrückt und an einer Seite zur Spitze geformt werden. Diese legen Sie nun kreisförmig auf das Backblech. In der Mitte bleibt ein Loch von ca. 3–5 cm. Um die Blüte zu vervollständigen, formen Sie nochmals 8 Blätter. Diese sollten etwas kleiner sein als die äußeren. Sie werden versetzt auf den Blütenkranz gelegt. In die Mitte geben Sie eine walnussgroße Teigkugel und drücken diese etwas flach. Nun wird von unten vorsichtig ein Holzstab durch die Blume geschoben. Für den sonnigen Bilderrahmen verfahren Sie beim Modellieren ebenso wie bei dem Blumenstecker, allerdings muss hier die Mitte für ein Foto frei bleiben. Eine Büroklammer, die von oben in die Blüte geschoben wird, dient als Aufhänger. Backen Sie

die Sonnenblumen zwei Stunden auf der untersten Schiene bei 100 °C und anschließend auf der obersten Schiene bei 170 °C. Achten Sie darauf, dass die Sonnenblumen nicht zu dunkel gebacken werden. Anschlie-

ßend wird der Salzteig mit weißer Farbe grundiert, damit das Gelb richtig leuchtet. Nun können Sie die Blumen der Abbildung entsprechend anmalen. Dann können Sie das Foto von hinten gegenkleben.

Fotohaus***

In diesem Haus ist für die ganze Familie Platz

Material
✤ Salzteig
✤ Büroklammern
✤ runder Gegenstand, z.B. Fingerhut
✤ Wassermalfarbe in Blau
✤ Lackstift in Rot
✤ feste Pappe

Anleitung
Um eine entsprechend große Teigplatte für das Haus auszurollen (ohne Dach), brauchen Sie etwa 2 apfelgroße Teigkugeln, die miteinander verknetet und anschließend 1 bis 1½ cm dick auf dem Backblech ausgerollt werden. Schneiden Sie ein Rechteck von ca. 12–13 cm aus und unterteilen Sie die Fensterausschnitte zuerst mit dem Messerrücken, bevor Sie anfangen sie aus-

zuschneiden. Als nächstes arbeiten Sie den Zaun und nehmen hierfür 2 pflaumengroße Teigkugeln, drücken jede zu einem Rechteck und legen diese an beiden Seiten des Hauses an. Mit dem Messerrücken teilen Sie die Zaunlatten ab.
Für das Dach nehmen Sie ein mandarinengroßes Stück Teig, formen es zu einer 10 cm langen Rolle und wellen es etwas

flach. Mit den Fingern drücken Sie es in die endgültige Form und legen es an das Haus. Sie sehen auf der Abbildung, dass das Dach sich nach oben verjüngt.

Das Ziegelmuster wird mit einem Fingerhut oder einem anderen runden Gegenstand eingedrückt. Der kleine Schornstein wird aus einer walnussgroßen Teigkugel ge-

formt. Schieben Sie nun zwei aufgebogene Büroklammern als Aufhänger von oben an beiden Seiten in das Dach.

Backen Sie das Haus eine Stunde auf der unteren Schiene bei 75 °C, eine Stunde bei 100 °C und zwei Stunden bei 125 °C. Schließlich wird es bei 150 °C auf der oberen Schiene fertig gebacken. Da die Front

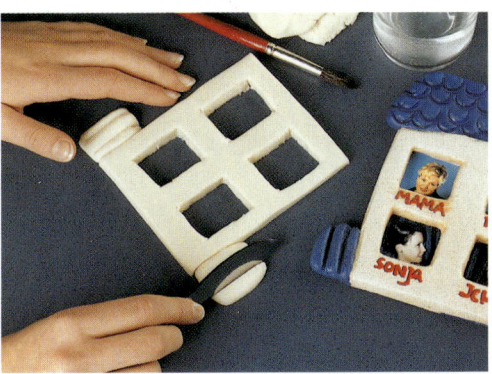

des Hauses in Natur bleibt, brauchen Sie nur das Dach und den Zaun zu bemalen. Die Beschriftung wird ganz zum Schluss, nach dem Lackieren, mit einem Lackstift aufgetragen. Zuletzt werden die Fotos von hinten gegen die Fenster geklebt. Legen Sie sie bereit und probieren Sie aus, ob sie auch groß bzw. klein genug sind. Sie wer-

den nun von hinten gegen den Fensterausschnitt geklebt. Dazu tragen Sie nur an den Kanten des Fensters Klebstoff dünn auf und drücken die Fotos vorsichtig an. Lassen Sie die Fotos etwas antrocknen, bevor Sie eine für das ganze Haus zurechtgeschnittene Pappe oder Wellpappe zur Verstärkung dagegenkleben.

Geburtstagskranz***

Da strahlen Kinderaugen, wenn am Geburtstagsmorgen ein so schöner Kerzenkranz die Tafel ziert. Die vielen roten Käferchen sollen dem Geburtstagskind Glück bringen. Und wenn Sie genügend Käferchen anfertigen, lassen sich auch im Handumdrehen Tischkarten herstellen.

Material
❧ Salzteig
❧ Fotokarton in Grün, Violett und Rot
❧ Zackenschere
❧ Wassermalfarben in Schwarz und Rot
❧ Lackstift in Weiß

Anleitung
Für den Kranz nehmen Sie 2 apfelgroße Teigstücke und rollen sie mit den Händen auf der Arbeitsplatte zu je 2 Teigsträngen von 2 cm Ø aus. Verschlingen Sie diese Teigstränge von der Mitte her nach beiden Richtungen miteinander. Schneiden Sie die Enden gerade ab und schließen Sie den verschlungenen Strang zum Kranz. Mit dem Nudelholz wellen Sie leicht darüber. Nun beginnen Sie, die Halterungen für die Kerzen anzuordnen. Diese bestehen aus 6 walnussgroßen Teigkugeln. Lassen Sie genügend Platz zwischen den Halterungen für die Marienkäfer. Drücken Sie die Kerzen

vorsichtig in die Teigkugeln ein und weiten Sie die Vertiefung etwas aus. Drehen Sie dann die Kerzen sofort wieder heraus.
Der Innenkranz für das Lebenslicht wird genauso gearbeitet, jedoch nur aus zwei mandarinengroßen Teigkugeln. Für die

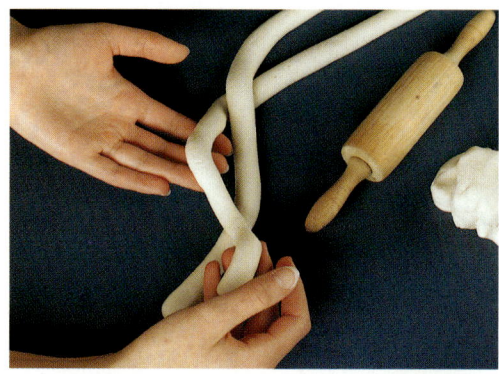

Kerze brauchen Sie eine pflaumengroße Teigkugel, da das Lebenslicht in der Mitte etwas größer ist. Die Käfer können Sie auch unterschiedlich groß arbeiten, von kirsch- bis walnussgroß. Nehmen Sie die Teigkugel und drücken Sie sie auf dem Backblech etwas flach. Mit dem Messerrücken drücken Sie ein T in den Teig. Die Käfer werden erst nach dem Bemalen mit

Klebstoff auf den Kranz geklebt. Backen Sie den Kranz und die Käfer wie in der Anleitung „Vögel" beschrieben (siehe Seite 19). Anschließend wird der Kranz gemäß der Abbildung bemalt und lackiert.
Für die Tischkarten benötigen Sie farbigen Fotokarton, den Sie in Quadrate von 9 x 9 cm zerschneiden und diese in der Mitte zusammenklappen.
Mit der Zackenschere schneiden Sie aus grünem Karton kleine Bögen heraus, die als Wiese auf die Tischkarten aufgeklebt werden. Bevor Sie die Käferchen auf die Karten kleben, schreiben Sie die Namen der Gäste mit einem Lackstift auf.